AMIDAMARU

Le fantôme d'un samouraï qui vivait il y a six cents ans. Il fusionne son âme avec celle de Yoh.

ASAKURA YOH

Un shaman en phase d'apprentissage. Il relie notre monde à celui de l'au-delà.

OYAMADA MANTA

Un ami de Yoh. Le principal atout du personnage se trouve dans l'encyclopédie qu'il porte toujours sous son bras.

BASON

Le fantôme d'un guerrier chinois qui est manipulé par Ren.

TAO REN

Un mystérieux shaman qui affronte Yoh. Il est accompagné par le fantôme Bason.

BOKUTOU NO RYÛ

Un minable chef de bande qui est à la recherche de son territoire.

~~RÉSUMÉ DE L'ÉPISODE PRÉCÉDENT.~~

Un nouvel élève qui vient de déménager d'Izumo est arrivé dans notre classe. En fait Asakura Yoh est un shaman ! Le shaman est une personne qui sait entrer en communication avec les dieux et les esprits, pour s'approprier momentanément leurs forces et leurs pouvoirs. Yoh est venu ici pour parfaire son apprentissage de shaman, il s'est attiré les services d'un fantôme, le fameux Amidamaru qui n'est autre qu'un samouraï qui vivait il y a six cents ans ! Mais tout se complique quand apparaît ren, un autre shaman. Ren veut s'emparer d'Amidamaru, le fantôme qui accompagne Yoh ! Un terrible combat les oppose...
Ren est battu, mais Yoh est aussi gravement touché...!!

SOMMAIRE

* Le kuchiyose est une technique qui permet de faire parler
un défunt par la bouche d'un shaman.

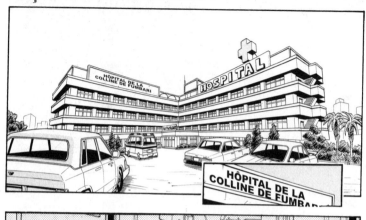

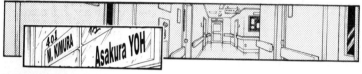

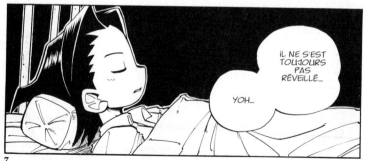

IL NE S'EST TOUJOURS PAS RÉVEILLÉ...

YOH...

Non...

ÇA FAIT DÉJÀ TROIS JOURS... SA BLESSURE À L'ÉPAULE ÉTAIT SI MAUVAISE ?

Urgs....!

CRISP

Il a dépassé ses limites pendant la fusion. C'est la raison de son état actuel.

CE N'EST PAS DE TA FAUTE ! TOUT ÇA, C'EST À CAUSE DE REN !

J'AI... J'AI LA TROUILLE ! AMIDAMARU !

Je m'en veux... Si seulement j'avais su déployer plus de puissance...!! Ça ne serait jamais arrivé !

GROO GROOOOO

YOH... TU RÉPONDRAS À MES QUESTIONS... N'EST-CE PAS ?!

ET PUIS CE REN, QUI EST-IL....? POURQUOI IL S'EN PREND À YOH ?

QU'EST-CE QUE LE "ROI DES SHAMANS" ?

Épisode 9 — **SHAMAN KING**

1989
IZUMO

MONTAGNE SANBE

FLAP

UHM !

TCHIP TCHIP TCHIP

PIU PIU PIU PIU

UHMMMU MUHUUU

HAH !!

MHUUUU

Yoh, à 4 ans

UHMUU

RAAH C'EST KOA ÇAAAA ?!

POUASUU

MAIS... PAPY... ENFIN !!

NORMALEMENT, C'EST IMPOSSIBLE À FAIRE !!

ET TU NE SAIS TOUJOURS PAS INVOQUER LES ESPRITS DE LA TERRE ?!

YOH ! ÇA FAIT DÉJÀ 4 ANS QUE TU AS COMMENCÉ TON APPRENTISSAGE !

FLOP FLOP FLOP

... NE PEUVENT...

VLAF VLAF

CEUX QUI PENSENT QU'UNE CHOSE N'EST PAS POSSIBLE AVANT D'AVOIR ESSAYÉ...

...

ET PUIS... ÇA M'AVANCERA À QUOI DE POUVOIR FAIRE ÇA ?

PLOC

... RIEN FAIRE DU TOUT !!

VLAF VLAF VLAF VLAF VLAF VLAF

DES MINI-DIABLES ?!

GERPS !!!

CETTE TECHNIQUE CONSISTE À INSUFFLER L'ÂME DES ESPRITS DE LA TERRE DANS DES FEUILLES ET À LES CONTRÔLER COMME UNE PETITE ARMÉE.

FUH FUH

LE "SHIKI-GAMI".

C'EST UNE TECHNIQUE TYPIQUE DU "ONMYÔJI", LE SHAMAN JAPONAIS.

BAKI ZBIM

ÇA PEUT SERVIR DANS DIFFÉRENTES SITUATIONS, DU MEURTRE À L'INCENDIE.

CETTE TECHNIQUE DE L'OMBRE A JOUÉ UN GRAND RÔLE DANS L'HISTOIRE DU JAPON.

... LA MAÎTRISE DE CETTE TECHNIQUE TE RENDRA D'IMMENSES SERVICES DANS L'AVENIR.

SI TA PROGRESSION TE PERMET DE DEVENIR UN SHAMAN QUALIFIÉ...

... TU SERAS LE VOYANT FAVORI DES POLITICIENS, DES RICHES. TU N'AURAS JAMAIS DE PROBLÈMES D'ARGENT.

SI TU DEVIENS UN ONMYÔJI COMME MOI...

LE ONMYÔJI
ASAKURA YOHMEI

... TU POURRAS APPELER UN ESPRIT OÙ QU'IL SOIT POUR FUSIONNER AVEC LUI.

ET SI TU DEVIENS "ITAKO" COMME TA GRAND-MÈRE QUI INSTRUIT DES DISCIPLES DANS LA MONTAGNE OSORE DANS LA RÉGION D'AOMORI...

... QU'IL SOIT ÉLOIGNÉ OU QU'IL AIT REGAGNÉ LES CIEUX...

ITAKO
ASAKURA KINO

OU SI TU TRAVAILLES À MI-TEMPS COMME TA MÈRE QUI EST MIKO DANS UN TEMPLE...

... TU ENTENDRAS DES VOIX DIVINES COMME LE HIMIKO POUR SAUVER LA POPULATION D'UN GRAND PÉRIL...

ASAKURA KEIKO

MIKO

ASAKURA MIKIHISA (sans travail)

ET MÊME TON PÈRE QUI N'AIME QUE L'ESCALADE...

EN ÉTANT UN SHUGENSHA, IL FINIRA PAR DÉBUSQUER UNE DIVINITÉ DANS LA MONTAGNE DONT IL TIRERA DE GRANDS PROFITS.

SHUGENSHA *

* Le shugensha est une sorte de pèlerin qui marche en quête de spiritualité.

TU DOIS AU MOINS MAITRISER LE SHIKIGAMI !

TU DOIS TE MONTRER DIGNE DE TA FAMILLE !

ALORS ?! TU NE VOIS TOUJOURS PAS L'INTÉRÊT DE DEVENIR UN SHAMAN ?!

EN PLUS, PERSONNE D'AUTRE NE PEUT VOIR UN FANTÔME OU UN SHIKIGAMI.

À L'ÉCOLE MATERNELLE, PERSONNE NE SAIT CE QU'EST UN SHAMAN.

QU'EST-CE QUE TU DIS ?!

ÇA M'EMBÊTE.

PLOUF

C'EST POUR ÇA QUE ÇA NE M'INTÉRESSE PAS DE DEVENIR SHAMAN.

OUI, C'EST PAS DRÔLE. ON NE PEUT S'EN VANTER AUPRÈS DES AMIS. MÊME MAMAN DIT QUE LE TRAVAIL SE FAIT DE PLUS EN PLUS RARE.

ZBOM

TU AS RAISON. LE SHAMAN EST UN INTERMÉDIAIRE ENTRE LES DEUX MONDES.

MOI, JE VEUX...

ET QUE VEUX-TU FAIRE DE TON AVENIR ?

GRR

VIVRE TRANQUILLE SANS ÊTRE ENNUYÉ, ÇA ME SUFFIT !

... ÉCOUTER TOUS LES JOURS DE LA BONNE MUSIQUE !

ABRUTI

FLAP FLAP FLAP

FLAP FLAP

C'EST BIEN ÇA...

TU VEUX TE CONTENTER DE VOIR LES FANTÔMES, C'EST TOUT ? UN SHAMAN RATÉ !

PTCHH PTCHH

JE NE PARLE PAS DE TOI, MAIS DE LA SOCIÉTÉ.

FLIM ! JE SUIS DÉSOLÉ MAIS MOI, SHAMAN, ÇA NE ME...

C'EST VRAIMENT LAMEN-TABLE.

PFFH !

C'EST PAS UNE RAISON POUR ME FAIRE DU MAL !

C'EST COMME ÇA QUE LES GENS DE LA SOCIÉTÉ MODERNE FINISSENT PAR OUBLIER TOUS LES ESPRITS ET LES FANTÔMES QUI LES ENTOURENT...

FUUUU

LA SOCIÉTÉ ?

16

QU'EST-CE QU'IL Y A ?

PETIT YOH, VIENS VOIR PAR ICI.

STAP!

AH BON ?

!

... EST DÉJÀ ARRIVÉE JUSQU'ICI...

LA VILLE...

HÔTEL MATSUYA

ONSEN KANI

HÔTEL CLEOPATRA

HÔTEL DU PARADIS

HÔTEL MATSUYAMA

CHEZ TORTUE

JE N'AI PAS L'INTENTION DE GROGNER CONTRE LA DESTRUCTION DE LA NATURE.

HÔTEL LEOPATRA

HÔTEL DU PARADIS

LA POPULATION AUGMENTE ET LES VILLES SE DÉVELOPPENT, ON N'Y PEUT RIEN.

SI L'ON DÉTRUIT LA FORÊT, LES ARBRES DISPARAISSENT ET L'AIR DEVIENT MAUVAIS.

SI L'ON GOUDRONNE LA TERRE, L'EAU N'A PLUS D'ENDROIT POUR S'INFILTRER ET LES FLEUVES DÉBORDENT.

CYCLE DE LA NATURE ??

MAIS CE QU'IL NE FAUT PAS OUBLIER, C'EST QUE L'HOMME NE PEUT S'EXTRAIRE DU GRAND CYCLE DE LA NATURE.

NUL NE SAIT OÙ VONT MENER TOUTES CES TRANSFORMATIONS OPÉRÉES À TÂTONS PAR L'HOMME.

NOUS SOMMES TOUS LIÉS À CETTE CHAÎNE DE LA NATURE...

LE PROGRÈS DE L'ÉDUCATION DANS NOTRE SOCIÉTÉ NE SUFFIRA PAS À UN HOMME POUR DISCERNER TOUTES LES SUBTILITÉS DE LA NATURE.

SAKE
FLEUR DE

ET C'EST QUOI...?

C'EST POUR ÇA QUE L'HOMME A BESOIN DE JALONS POUR LE GUIDER DANS SON EXISTENCE SUR TERRE.

UN ESPRIT ULTIME COMME CELUI QU'ON APPELLE DIEUX. LE ROI DES FANTÔMES DE LA NATURE...!!

LA CONNAISSANCE TOTALE ET GLOBALE, LE FANTÔME ULTIME.

LE FANTÔME DE LA NATURE...

LE ROI...

FUAH

CES HOMMES ONT TRANSMIS LEUR SAVOIR ET PROPHÉTISÉ DANS LA SOCIÉTÉ POUR QUE LA LÉGENDE RESTE INTACTE.

IL N'Y A QU'UNE POIGNÉE D'HOMMES QUI ONT PU LE RENCONTRER.

IL Y A DE NOMBREUSES INTERPRÉTATIONS ET APPELLATIONS POUR CE PERSONNAGE...

... CELUI QUI POSSÈDE TOUS LES POUVOIRS DU SHAMAN ET QUI A PU COMMUNIER AVEC LUI.

DIS-MOI, PAPY ! C'EST QUI, CELUI QUI A PU RENCONTRER CE ROI DES FANTÔMES DE LA NATURE ?

HÉ HÉ... ÇA, C'EST...

AFIN QUE L'HOMME NE S'EN TIENNE PAS À SES PROPRES DÉSIRS QUI L'ENTRAÎNENT SUR LA VOIE DE LA DESTRUCTION.

C'EST LE "SHAMAN KING".

CELUI QU'ON APPELLE DEPUIS LA NUIT DES TEMPS LE "SAUVEUR".

DE

DE

TOUTES MES EXPLICATIONS TE DONNENT MAL À LA TÊTE ?

IL SE FAIT TARD, ON VA RENTRER, PRENDRE NOTRE BAIN ET DORMIR.

ÇA DOIT PAS TELLEMENT TE PASSIONNER CE GENRE D'HISTOIRES.

BON

PLU PLU PLUU

DE

MOI AUSSI ? JE PEUX DEVENIR UN SHAMAN KING ?

DÉMENT !!!

SPAAA

MAIS OUI !!

TOI QUI ES SI PARESSEUX, CETTE HISTOIRE A L'AIR DE T'INTÉRESSER ?

MAIS DIS-MOI, YOH ?

GLIP...

IMPOSSIBLE ! ON NE LE DEVIENT PAS SUR UNE SIMPLE ENVIE.

AH HA HA HAA

... ON PEUT MENER LA BELLE VIE TOUS LES JOURS SANS FAIRE AUCUN EFFORT !!

SI ON DEVIENT AMI AVEC CET ESPRIT QUI SAIT TOUT...

BRILLE

DIS, PAPY ! APPRENDS-MOI À DEVENIR UN SHAMAN KING !!

PROMIS, JE SERAI SÉRIEUX PENDANT L'ENTRAÎNEMENT !!

BZz BZz

...!!

GRAND ABRUTI

T'ES TROP CRÉTIN POUR LE DEVENIR !!!

UWA-AAAH !!!

BOUHI

NON, PAPY ! NE ME FRAPPE PAS !!

Le maître Yoh s'est réveillé !!

YOH...

...!

GLAK

CE QUE REN APPELAIT LE ROI DES SHAMANS, C'EST LE "SHAMAN KING".

AH, C'EST ÇA.

OUAPS !!

HAAAH?!

EPS ! UNE MINUTE !!!

ZGRAAA!!

PFUu

J'OUBLIAIS PRESQUE QUE C'EST POUR DEVENIR SHAMAN KING QUE J'AI COMMENCÉ MON APPRENTISSAGE.

CES DERNIERS TEMPS, J'ÉTAIS SEULEMENT CONCENTRÉ SUR MON PARCOURS INITIATIQUE.

MAIS ATTENDS !! C'EST QUOI CE TRUC ?! LE SHAMAN KING ?!

...

SNIFF

PLOc

Uhm ! Je ne comprends pas tout, mais le maître est sauvé et c'est bien.

J'avais l'impression que mon âme était morte.

ON M'A DIT QUE TU ÉTAIS BLESSÉ, ALORS ME VOILÀ... QU'EST-CE QUE C'EST QUE TOUT CE VACARME ?!

!

IL EST BRUYANT...

TCHLIC

QU'EST-CE QU'IL A CE GAMIN À ME PARLER SUR CE TON ?!

SPAAF

BOUPS

AH ! MANTA, ATTENTION !!

TU DOIS TE TROMPER DE CHAMBRE ?!

QU'EST-CE QUE TU VEUX AVEC TON BALUCHON ?!

PTAP PTAP

JE SUIS SHAMAN, JE SUIS L'ITAKO ANNA.

JE SUIS LA FIANCÉE D'ASAKURA YOH.

25

TAO REN

Né le 1er janvier 1986 - 13 ans
Signe astral : Capricorne
Groupe sanguin AB

Épisode 10

UN SHAMAN BIEN
DERANGEANT

... OÙ QU'ILS SOIENT JE SAIS LES FAIRE PARLER.

MA SPÉCIALITÉ, C'EST LE KUCHIYOSE.

OÙ QUE JE SOIS ! QUE LES FANTÔMES SOIENT ICI OU AUX CIEUX...

D'LAANG

CES FANTÔMES !!!

...!!

BOM

IL SUFFIT D'APPELER LES FANTÔMES DE LA COLLINE DE FUMBARI POUR TOUT SAVOIR SUR YOH.

YOH, ÇA FAIT QUAND MÊME UN MOMENT QU'ON S'EST PAS REVUS !

LA DERNIÈRE FOIS C'ÉTAIT AU NOUVEL AN CHEZ KINO, C'EST ÇA ?

C'EST FATIGANT DE MARCHER DANS TOKYO.

C'EST BIEN ÇA.

ALORS, VOUS ÊTES DES AMIS D'ENFANCE ?

HEIN...? QUOI ?

...

PFFUU

UEERKS ?! POURQUOI MOI ?!

DIS-MOI, PETIT ?

TU PEUX ALLER CHERCHER DES BOISSONS ?

MHMM

IL EST ÉNERVANT À HURLER DEPUIS TOUT À L'HEURE.

ET TOI, TU ES QUOI POUR YOH ?

PAAF

GUARPS ?!!

EUH ?

AH BON, DANS CE CAS, TU N'AS PAS LE DROIT DE ME DÉSOBÉIR.

COMMENT ÇA "QUOI POUR LUI" ?

ON EST AMIS ET ALORS ?

OUI.

...UN ORDRE ABSOLU.

UN ORDRE QUI VIENT DE L'ÉPOUSE DU FUTUR SHAMAN KING EST...

ELLE EST EFFRAYANTE... ELLE SORT D'OÙ CELLE-LÀ ?!

ET POURQUOI ELLE ME FRAPPE COMME ÇA ?!

URRH

URRH

ドゴン

PLOC

PLOC

TOUT ÇA EST BIEN ENNUYEUX...

UHMM...

TOUT ÇA EST TROP COMPLIQUÉ POUR MOI, J'Y COMPRENDS RIEN !

L'ÉPOUSE DU FUTUR SHAMAN KING ?!

ET EN PLUS, C'EST LA FIANCÉE DE YOH.

BLUU

BLUU

BLUU

BLUU

KOAAAA ?!

MANTA, PAS SI FORT ! JE LUI AI DIT QUE J'ALLAIS AUX TOILETTES.

SHUUT

YOH !!!

POUR NE PAS PERDRE LA FILIATION, LA FAMILLE DÉCIDE DE VOUS MARIER ENTRE SHAMANS ?!

TOUS LES MEMBRES DE TA FAMILLE SONT DES SHAMANS...!

CA SONNE VRAI...

CES DERNIERS TEMPS, LES SHAMANS SE FONT RARES, ÇA PRÉOCCUPE SÉRIEUSEMENT LES PARENTS.

ME VOILÀ COINCÉ DANS UN MAUVAIS PLAN...

MAIS QUAND MÊME ! PAS AVEC ANNA...!

JE SAVAIS QU'UN JOUR ÇA DEVAIT ARRIVER...

ELLE A L'AIR TRÈS MOTIVÉE... ELLE VEUT À TOUT PRIX FAIRE DE MOI UN SHAMAN KING.

... QUE JE L'AI RENCONTRÉE, JE ME SOUVIENS QU'ELLE M'A FAIT PLEURER.

À CHAQUE FOIS...

C'EST... C'EST SI TERRIBLE QUE ÇA...?!

LE ROI DES FANTÔMES DE LA NATURE POSSÈDE UNE CONNAISSANCE ABSOLUE, IL A RÉPONSE À TOUT...

CELUI QUI LE POSSÈDE VOIT TOUS SES DÉSIRS EXAUCÉS.

JE PENSAIS PAS QU'UN SHAMAN KING ÉTAIT UN TRUC AUSSI DÉMENT...

GLUP

MAIS QUAND MÊME, ÇA SURPREND.

JE VOIS...

C'EST POUR ÇA QU'ELLE PARLAIT DE FIRST LADY...

... C'ÉTAIENT DES SHAMANS KING QUI SONT DEVENUS DES DIEUX ? DES FANTÔMES ULTIMES...

PIM

MAIS ALORS...

CEUX QU'ON APPELAIT LES SAUVEURS, IL Y A 2500 ANS BOUDDHA ET IL Y A 2000 ANS LE CHRIST...

PAVILLON 2

MAIS ENFIN...

TU M'ÉCOUTES ?

ÇA CRAINT ! EN PLUS, ELLE M'A PRÉPARÉ UN ENTRAINEMENT SPÉCIAL, JE M'ATTENDS AU PIRE !!

GRUUU GRUu

ILS DOIVENT PENSER QUE TU N'ES PAS ASSEZ AMBITIEUX POUR DEVENIR SHAMAN KING, C'EST ÇA ?

TU ES TROP INCONSISTANT POUR DEVENIR UN SHAMAN KING.

COM-MENT ?!

PTAP

PTAP

POUR UN GARÇON QUI EST AUSSI INDÉPENDANT QUE TOI, TON AFFOLEMENT M'ÉTONNE...

JE CROIS COMPRENDRE POURQUOI TA FAMILLE A CHOISI CETTE FILLE POUR TOI.

OÙ EST PASSÉ AMIDAMARU ?

MAIS ?

KYOP

KYOP

T'ABUSES ! MOI, J'AI MA MÉTHODE ET J'AI MA FAÇON D'AGIR...

ÇA ME RAPPELLE LA FEMME D'UN ENTRAINEUR DE BASE-BALL CONNU...

CETTE FILLE EST SÉVÈRE ET C'EST CE QU'IL TE FAUT.

Hi Hi

IPS IPS

AMIDA-MARU ?!

ZUM

J'AI LIGOTÉ LE SAMOURAÏ POUR ÉVITER QUE TU NE TE SAUVES.

T'EN AS MIS DU TEMPS !

TU SAIS QUE TU ES FAIBLE, CE N'EST PAS LA PEINE DE GEINDRE.

CE N'ÉTAIT PAS LA PEINE DE FAIRE ÇA, JE NE VOULAIS PAS M'ENFUIR !

Mais qui est cette fille ?!

Maître Yoh

EUH... ...!

ALORS, FOUS-MOI LA PAIX !!

TU M'AS PEUT-ÊTRE RÉSERVÉ UN ENTRAÎNEMENT SPÉCIAL, MAIS MOI, J'AI MA FAÇON DE VOIR LES CHOSES.

COMMENT ...?

TU VEUX MOURIR ?

DIS-MOI ?

MAIS, QU'EST-CE QUE TU RACONTES ?!

39

DEVENIR LE SHAMAN KING EST COMME UN RÊVE.

J'AI VU TOUS LES SHAMANS CHOISIS DANS LE MONDE ENTIER.

MINUTE ! TOUS LES SHAMANS DU MONDE SE SONT RASSEMBLÉS ? ÇA VEUT DIRE QUOI ?

QUEL RAPPORT AVEC LA VENUE DE REN AU JAPON ?!

LE MONDE...?

NON... CE N'EST PAS...

LE MOMENT TANT REDOUTÉ EST ARRIVÉ.

LA SOCIÉTÉ MÉPRISE ET IGNORE LA PRÉSENCE DES FANTÔMES... ELLE N'EN FAIT QU'À SA TÊTE ET L'ORDRE MONDIAL EST EN TRAIN DE S'EFFRITER...

SI.

LE COMBAT DES SHAMANS DANS TOKYO.

EN QUÊTE DU FANTÔME DU ROI DE LA NATURE, LES SHAMANS SE SONT RÉUNIS.

ILS VONT S'AFFRONTER POUR DEVENIR LE SAUVEUR, LE SHAMAN KING.

ICI ? DANS TOKYO ...?!

LE COMBAT DES SHAMANS ?

SHA...

PLIF

SPAAAF

BOUARPS

CE N'EST QUAND MÊME PAS UN CONCOURS ! C'EST RIDICULE !

AH HA HA HAH

LE COMBAT DES SHAMANS SE DÉROULE TOUJOURS DANS LE LIEU QUI EST LE PLUS PERTURBÉ DE SON ÉPOQUE.

DE TOUS LES TEMPS, LES SAUVEURS NAISSENT DANS CE TYPE D'ENDROITS.

C'EST UNE AFFAIRE SÉRIEUSE.

ILS SONT TOUS LÀ PLEINS D'ESPOIR AVEC LEURS FANTÔMES DE PRÉDILECTION.

C'EST POUR CETTE RAISON QU'ILS SONT DÉJÀ NOMBREUX À SE RASSEMBLER ET À RÔDER DANS TOKYO.

LE COMBAT DES SHAMANS ...

C'est donc ça...!

C'est incroyable mais ceci est l'explication de l'attaque de Ren sur le maître Yoh.

Ça veut dire que Ren fait aussi partie de ces shamans ?!

44

ON DIRAIT QU'ELLE A QUAND MÊME L'AIR DE S'INQUIÉTER POUR LUI...

PFFH...

POUR QUE TU SURVIVES À CETTE LUTTE, IL FAUT QUE TU TE DÉBARRASSES DE CE CARACTÈRE DE MOLLASSON.

OUPS.

YOH !

TU SERAS MON ÉPOUX. ALORS, QUE TU LE VEUILLES OU NON, TU DOIS DEVENIR LE SHAMAN KING.

C'EST TRÈS SIMPLE, JE VEUX DEVENIR LA FIRST LADY DU ROYAUME DES SHAMANS.

JE TIENS À CE QUE TU M'OFFRES UNE BELLE VIE.

SHAMAN
KING
2

LE PETIT SHAKO,
LA MASCOTTE
Figurine en terre cuite
qui intercepte la lumière.

Nouveau trimestre au collège privé de Shinra

CE N'EST PAS DANS L'ENCYCLOPÉDIE.

JE M'EN DOUTAIS.

SPOF

Encyclopédie

LE COMBAT DES SHAMANS...

LE SHAMAN FIGHT...

JE NE VOIS PAS POURQUOI LES SHAMANS SONT OBLIGÉS DE S'AFFRONTER POUR IMPOSER LEUR SUPRÉMATIE.

Édition Encyclo Deuxième

EN PLUS, JE N'AI PAS PU VOIR YOH DE TOUT L'ÉTÉ...

J'AI QUAND MÊME DU MAL À CROIRE À L'EXISTENCE D'UN TEL TOURNOI.

HMM

LE COMBAT EST UN BON MOYEN POUR CHOISIR LE MEILLEUR SHAMAN.

L'INDIVIDU RÉVÈLE SES CAPACITÉS DANS LES SITUATIONS EXTRÊMES.

NON, C'EST...

YOH !! C'EST QUOI CETTE BLESSURE ?! TU N'AS PAS...?

....!!

ET C'EST QUOI ?

UN ENTRAÎNEMENT DES TÉNÈBRES ?!

... À CAUSE DE L'ENTRAÎNEMENT SPÉCIAL D'ANNA.

Épisode 11
SHAMAN LIFE

JE PENSAIS PAS QUE TU SUBISSAIS VRAIMENT UN ENTRAÎNEMENT !

FUAAAH

J'AMÉLIORAIS MA CONDITION PHYSIQUE.

OH, MANTA, S'IL TE PLAÎT, LAISSE-MOI TRANQUILLE. JE SUIS FATIGUÉ.

UHM ?

DIS-MOI, YOH ? T'ES DANS UN TRISTE ÉTAT !!

QU'EST-CE QUE TU FAISAIS AU JUSTE ?

POUR PROFITER À 100 % DE SES FORCES, JE DOIS ÊTRE EN EXCELLENTE FORME PHYSIQUE.

DANS MON CAS, JE FUSIONNE AVEC UN FANTÔME POUR ME BATTRE.

AMÉLIORER TA CONDITION PHYSIQUE ?

OUAIS...

C'EST SÉRIEUX, CETTE HISTOIRE ?!

UN COMBAT DE SHAMANS DANS TOKYO...

MAIS ALORS...

IL FAUT AUSSI AMÉLIORER L'ENDURANCE POUR LES COMBATS LONGS.

ET MA RÉSISTANCE AUX COUPS.

MOI QUI DEMANDE JUSTE QU'ON ME FOUTE LA PAIX !

MAIS QUAND MÊME...

VUIP

HÉ, MANTA.

TU CROIS QUE JE FAIS TOUT ÇA POUR RIRE ?!

CTOC

PLUS LE FANTÔME EST FORT, PLUS GRANDES SONT LES CHANCES. MAIS SI TU NE PEUX PAS UTILISER À 100% SES POUVOIRS, C'EST DIFFICILE DE GAGNER.

LE TOURNOI DU SHAMAN FIGHT CONSISTE À MESURER LES CAPACITÉS DES SHAMANS, MAIS AUSSI CELLES DES FANTÔMES QU'ILS POSSÈDENT.

JE DOIS FAIRE DE MON MIEUX.

... SI JE NE SUIS PAS FORT MOI-MÊME, JE NE POURRAI PAS GAGNER.

PLOC

MÊME SI J'AI UN FANTÔME FORT...

... JE DOIS ME MONTRER DIGNE D'AMIDAMARU.

MAIS PLUS IMPORTANT QU'UN RÊVE LOINTAIN...

QUE T'EST-IL ARRIVÉ ?

TU ES DEVENU UN GARÇON RESPONSABLE...!

YOH...

YOH...

EN VÉRITÉ, CETTE FILLE, ANNA, ELLE TE FORÇAIT À FAIRE DES "CHOSES", PAS VRAI ?

IP !

TU ES UN GRAND COQUIN !

EHE

N'IMPORTE QUEL SHAMAN PEUT AVOIR ENVIE D'UN FANTÔME COMME LUI.

J'AI JUSTE ENVIE DE RESTER AVEC AMIDAMARU.

RIEN.

FUII

C'EST BIEN CE QUE JE PENSAIS...

BLUU BLUU BLUU

C'EST RÉELLEMENT CE QUE JE RESSENS !!

NE DIS PAS "FORCER"...

?

VLLIM VLLIM AAAH AAAH

JE NE VEUX MÊME PAS ME SOUVENIR DE CES JOURNÉES EN ENFER.

EN TOUT CAS, CETTE FILLE EST DINGUE.

NO

LES DEVOIRS

QUAND J'OBÉISSAIS PAS, ELLE ME COGNAIT.

... ET VOILÀ LE NOUVEAU TRIMESTRE QUI COMMENCE !

LA PLAISANTERIE A ASSEZ DURÉ, JE CROIS M'ÊTRE SORTI DE L'ENFER...

PFLLLIII

ELLE A RÉUSSI L'IMPOSSIBLE, ELLE A TRANSFORMÉ LE GRAND PARESSEUX QUE TU ÉTAIS EN UN GARÇON RESPONSABLE ET COURAGEUX.

CETTE ANNA EST VRAIMENT IMPRESSIONNANTE.

QUOI ?!

AUJOURD'HUI, ÇA SERA LA CHAISE ÉLECTRIQUE TOUTE LA JOURNÉE.

TROP FACILE !

AAH

AH !

VOILÀ, C'ÉTAIT EXACTEMENT CE GENRE DE JOURNÉE.

C'EST DIABOLIQUE.

AH HA HA

ELLE NOUS VIENT D'AOMORI.

UNE SURPRISE, NOUS AVONS UNE NOUVELLE ÉLÈVE CHEZ NOUS.

ENCHANTÉE.

HI

ELLE S'APPELLE KYÔYAMA ANNA.

ENCHANTÉS

よろしく～～

DÉCIDEMENT, YOH N'A DROIT À...

BLUU BLUU BLUU

... AUCUN REPOS...!!

VOILÀ NOTRE ENDROIT !!!

J'AI ENFIN TROUVÉ !!!

FLAP FLAP

BANG

バンッ!

LE RESTO EST HORS SERVICE DEPUIS L'INCENDIE ! J'ÉTAIS LOIN DE ME DOUTER QU'ON TROUVERAIT UNE PLANQUE PAREILLE À FUMBARI !!

RANT CHINOIS

UWAAA HA HAH HA

GRAND RESTAURANT CHIN

GRAND RESTAURANT CHIN

PÂTISSERIE

OUAAAIS

VOILÀ NOTRE "BEST PLACE" !!!

OUI... C'EST VRAI QUE TOKYO N'EST PAS SIMPLE POUR SE LOGER... LA ROUTE A ÉTÉ LONGUE.

EMU

NOUS QUI N'AVONS MÊME PAS DE CHAMBRE À LA MAISON... ON A TROUVÉ NOTRE REPAIRE, SNIFF !

RYÛ, VOUS AVEZ RÉUSSI !!!

BALL-BOY ARRÊTE DE POURRIR L'AMBIANCE !!!

RAAAAAAH

TÙ'M-'!!

MAIS VOUS N'AVEZ PAS L'IMPRESSION QUE ÇA CRAINT ? ICI...?

... MES CHEVEUX ONT ENFIN REPOUSSÉ, LA CHANCE TOURNE...!!

DEPUIS LA MÉSAVENTURE AVEC CE GAMIN AU CASQUE SUR LA TÊTE...

HÉHÉ

56

 ... QUELQU'UN HABITE DÉJÀ ICI...?

 VOUS N'AVEZ PAS L'IMPRESSION QUE...

 POURTANT...

IL Y A UN TRUC SINISTRE DANS L'AIR !

REGARDEZ LÀ-BAS !

GLIP

HEIN ? DIS PAS DE CONNERIES !

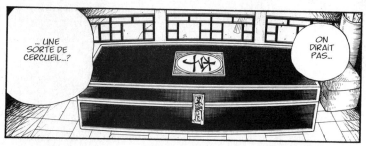

...UNE SORTE DE CERCUEIL...?

ON DIRAIT PAS...

 VOYONS... JE VEUX BIEN JETER UN ŒIL DANS CE TRUC.

BDOM

BDOM

ILS SONT NULS CES MECS...

KERPS !

SWAAAA

C'EST UNE MAUVAISE BLAGUE...?

UN... UN TALIS- MAN...

GONG

TE FOUS PAS DE NOTRE FACE ! QUEL GAMIN HABITERAIT ICI ?!

C'EST TA CHAMBRE ?! ICI ?!

GYAH HAHAHA

HEIN... QUOI ?!

DÉGAGEZ VITE... SI VOUS NE VOULIEZ PAS MOURIR.

JE SUIS DE TRÈS MAUVAISE HUMEUR.

WOUAH ?!

SHRAA

J'ESPÈRE POUR TOI QUE TU SAIS QUI JE SUIS.

ON VA T'APPRENDRE LA POLITESSE.

EH EH ! QU'EST-CE QU'IL NOUS VEUT CE MORVEUX.

EH ?!

SRAA

UNE LAME ?

CYORS

AU PROCHAIN COUP, ÇA SERA LA GORGE.

SA BANANE EST ENCORE DÉTRUITE ...!!

RYO...

IL ME SEMBLE T'AVOIR DIT DE NE FAIRE ENTRER PERSONNE...

DES PARASITES QUI VIENNENT SQUATTER CHEZ MOI.

TSHH

TOC

PAASH
ASSASSIN!!!
HYII!!

... ils n'étaient pas dangereux ...!

Je... Je suis désolé, maître Ren ! Cette racaille ne peut pas voir les fantômes, alors j'ai pensé que...

JE NE VEUX PAS D'EXCUSES ! ESPÈCE DE BON À RIEN !!

ÇA SUFFIT !!!

TOUT ÇA, C'EST PARCE QUE TU ES FAIBLE !!

Maître
...

!

ET D'ABORD, SAIS-TU POURQUOI JE SUIS SI ÉNERVÉ, AU MOINS ?!

ZBAA OUOOU OY

SI SEULEMENT J'EN AVAIS UN COMME LUI...!!

GRÂCE À LA PUISSANCE DE SON FANTÔME.

CE MAUDIT MEC AU CASQUE !! C'EST LA CHANCE QUI L'A FAIT GAGNER.

GRR

PLOC

KLOC

DANS CE CAS.

JE VAIS ME CHARGER DE RÉCUPÉRER CE SAMOURAÏ.

PLOC

REN, C'EST PATHÉTIQUE DE S'EN PRENDRE À SON FANTÔME.

!

FUU FUU...
TU ES BIEN
AMBITIEUX, C'EST
UNE BONNE
ATTITUDE POUR
PROGRESSER.

MAIS
LE FUTUR
EMPEREUR DOIT
APPRENDRE À
UTILISER LES
AUTRES.

JE M'EN FICHE
DE LA FAMILLE
TAO. JE VEUX
DEVENIR SHAMAN
KING POUR
SERVIR MA
PROPRE
CAUSE.

JE SUIS
CAPABLE DE
M'EMPARER
DE CE
SAMOURAÏ.

MOI JE
PEUX.

TU VEUX
RIRE ?

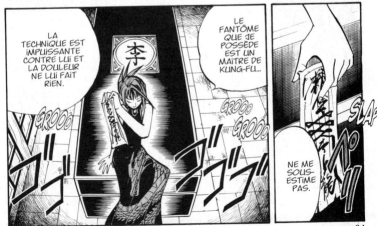

LA
TECHNIQUE EST
IMPUISSANTE
CONTRE LUI ET
LA DOULEUR
NE LUI FAIT
RIEN.

LE
FANTÔME
QUE JE
POSSÈDE
EST UN
MAÎTRE DE
KUNG-FU...

NE ME
SOUS-
ESTIME
PAS.

BASON

Aucun renseignement n'est
disponible sur lui.

Épisode 12 LE MAÎTRE DE KUNG·FU

GUH FUH FUH FUH

MAIS C'EST ICI QUE TU VAS MOURIR.

JE DOIS TE FÉLICITER D'ÊTRE VENU JUSQU'ICI.

DÉFENSE DE FUMER

TU VAS ALLER REGRETTER EN ENFER DE M'AVOIR DÉSOBÉI.

IL EST DÉMENT !

OOH

UZU BURGER

LEE PYRON EST VRAIMENT LE MEILLEUR !!

TU PEUX PAS TE TAIRE UN PEU ?

MSHH

OOH ! IL S'APPELLE LEE PYRON ?

CE HÉROS EST CAPABLE DE SE BATTRE CONTRE LE DÉMON POUR DÉFENDRE LA SOCIÉTÉ, UN GRAND HÉROS DU KUNG-FU.

SA PUISSANCE ! SON TOUCHER ! UNE VÉRITABLE STAR DE LÉGENDE !

C'est la première fois que je vais au cinéma, je trouve ça magnifique.

C'EST DINGUE !!

HEIN ? C'EST PAS VRAI, YOH ? TU NE LE CONNAISSAIS PAS ?

IL EST ULTRACONNU, IL EST UNE LÉGENDE DU CINÉMA D'ACTION !

Ils arrivent à donner un sens à toute une vie en seulement deux heures !

IL N'Y A PAS QU'AU CINÉMA QU'IL EST FORT ?!

IL N'Y A PAS QUE ÇA D'INCROYABLE DANS LA VIE DE PYRON.

SA FORCE EST RÉELLE, CE N'EST PAS DE LA FICTION.

Je suis heureux de voir un tel spectacle sans payer. Je suis heureux d'être un fantôme.

L'UN DES ARTS LES PLUS EFFICACES DU MONDE, LE "DAODANDÔ".

VOUS SAVEZ PAS TOUT ! IL A SA PROPRE TECHNIQUE DE KUNG-FU.

C'EST UN MÉLANGE DE TOUS LES SPORTS DE COMBAT QUI EXISTENT. UN ART TRÈS REDOUTABLE.

HAH

HUH

HOH

OLI, C'EST ÇA !

LE DAODANDÔ ?!

IL Y A EU UN TAS DE RUMEURS SUR SA MORT, MAIS LA CAUSE EN RESTE INCONNUE.

MALHEUREUSEMENT, IL EST MORT DE FAÇON MYSTÉRIEUSE À 30 ANS AVANT D'AVOIR TOTALEMENT ACHEVÉ LE "DAODANDO".

EN PLUS, SON CADAVRE A DISPARU PENDANT SES FUNÉRAILLES.

SNIF

DAODAN
En chinois, ça veut dire "missile"

LA PUISSANCE D'UN MISSILE !!

PSHH

YOH, NE DIS PAS DE BÊTISE.

L'AUTRE JOUR C'ÉTAIT GUCCI, COMMENT SE FAIT-IL QUE TU SOIS AUSSI BRANCHÉ SUR LES SPORTS DE COMBAT ?

MAIS CE MYSTÈRE A FAIT DE LUI UNE LÉGENDE.

FUU

FUAP

PLUS LE PERSONNAGE EST ÉLOIGNÉ DE SOI, PLUS ON A TENDANCE À EN RAJOUTER.

CLANG

HAH?!

!!
!?

CE MINUS A BESOIN D'ADMIRER PLUS FORT QUE LUI. C'EST CLASSIQUE.

SLURP

CRÉTIN ! LE SABRE ET LE KUNG-FU SONT DEUX MONDES DIFFÉRENTS.

Moi-même, je serais curieux de me mesurer à Pyron.

Non, Anna, je ne suis pas d'accord. C'est normal qu'un homme admire un homme fort.

BOLIDE

IL Y A UNE CHOSE ÉTRANGE.

ALLEZ, VOUS N'ALLEZ PAS DÉPRIMER POUR SI PEU !

BOLIDE ENSEMBLE

ÇA M'INTRIGUE MAINTENANT UNE INVITATION POUR CE FILM.

"LE COUP DE COLÈRE DE PYRON", C'EST UN VIEUX FILM...

Attention à toi, qu'un t'observe de quelque part.

GRANDE REDIFFUSION

LE COUP DE COLÈRE DE PYRON

yuzu burger

AU PALAIS DE LA TENTATION

IL N'Y AVAIT MÊME PAS LE NOM DE L'EXPÉDITEUR. J'Y SUIS ALLÉE PARCE QUE C'ÉTAIT GRATUIT.

ÇA ME PARAÎT TRÈS SUSPECT.

SUR LES TICKETS, IL ÉTAIT MARQUÉ QU'ON FAISAIT UNE RÉTROSPECTIVE LEE PYRON, PAS VRAI ?

FLAP

COMMENT ÇA... UNE RÉCOMPENSE ?!

C'EST ASSEZ ÉLÉGANT DE VOULOIR RESTER ANONYME.

YA HA HA

ÇA DOIT ÊTRE UNE RÉCOMPENSE POUR LA FIDÉLITÉ DE MANTA ENVERS SON HÉROS.

MAIS NON ! MAIS NON !

VLUM VLUM

74

ON DIRAIT QUE LE FILM SUR MON LEE PYRON VOUS A FAIT PLAISIR ?

UHU HU HUU...

GRAA

!!

ALORS ?

VOUS AVEZ VU COMME IL EST FORT ?

N'EST-CE PAS, ASAKURA YOH ?

QUI C'EST ?!

VLA

!!

JE SUIS LA "DÔSHI" TAO JUN.

JE SUIS VENUE POUR TE DEMANDER UNE CHOSE.

ASAKURA YOH...

UNE CHOSE ?!

HEIN ?

"DÔSHI" ?

JE VOUDRAIS QUE TU ME DONNES TON SAMOURAÏ.

OUI, POUR MON FRÈRE ADORÉ, REN.

REN ?!

PARCE QUE...

NE CRIE PAS, JE DÉTESTE LES SCANDALES.

C'EST AUSSI POUR CELA QUE JE TENAIS À CE QUE VOUS VOYIEZ CE FILM.

!!

"SA FORCE" ...?

ELLE A SOULEVÉ SA JUPE !!

?!

!!

... MAINTENANT QUE VOUS CONNAISSEZ SA FORCE, ÇA ÉVITERA DE SE BATTRE POUR RIEN.

SLIP

CE PARCHE- MIN !

LE DÔSHI... NON !

YOH, RECULE !!

EN PLUS, ELLE POSSÈDE UN MONSTRE !!!

CETTE FILLE EST UN SHAMAN !

TU ES BIEN PERSPICACE.

... MONSTRE ?!

UN...

LA MAGIE PERMET D'OBTENIR L'ÉTAT DE HYÔI À L'AIDE DE CE PARCHEMIN !!

LE DÔSHI EST UNE ESPÈCE DE SHAMAN QUI EXISTE DEPUIS LES TEMPS ANCIENS.

LE VRAI LEE PYRON !!!

INCROYABLE...

...

C'EST BIEN SON CADAVRE.

POURTANT, IL EST MORT, NON ?!

HAAAA?

ハアアア!?

C'EST SON VRAI CORPS ?! C'EST PAS UN FANTÔME ?!

EUH ! UNE MINUTE !!!

HÉIN ?

C'EST UN KYONSHII

CE N'EST QU'UN CADAVRE MOBILE.

CETTE FILLE ARRIVE À LE MANIPULER GRÂCE À SA MAGIE.

AINSI, QUAND IL RETROUVE SON CORPS, IL EST DÉJÀ PRÊT POUR UNE FUSION HYÔI À 100%.

NOUS LES DÔSHIS, NOUS POUVONS INTÉGRER L'ESPRIT DU DÉFUNT DANS SON ANCIEN CORPS ET LE MANIPULER À NOTRE GUISE.

TU AS L'AIR DE SAVOIR DES CHOSES. PYRON EST MON FANTÔME.

TE FOUS PAS DE NOUS !

CE KYONSHII EST LA FIERTÉ DE LA FAMILLE TAO, C'EST UNE ARME TRÈS REDOUTABLE QU'ON A RÉUSSI À CAPTURER.

...

YOH...

TOI AUSSI, TU PARLES DE TON FANTÔME COMME D'UN OBJET ?

CAPTURER ? ARME ?

AUCUNE IMPORTANCE. MAINTENANT QUE TU CONNAIS MA FORCE, TU DOIS ÊTRE RAISONNABLE ET ME DONNER TON SAMOURAÏ.

LA FERME !

ENCORE MOINS À UNE PERSONNE COMME TOI !!

JE N'AI AUCUNE ENVIE DE LE DONNER.

SWAP

AMIDAMARU
MODE BOULE HUMAINE
VERSION 2.0 HITODAMARU

AMIDAMARU!!!

SHAK!!!

IL N'A RIEN À CRAINDRE DU SABRE D'UN SAMOURAÏ POUSSIÉREUX !!

TROP FACILE !

PYRON EST LE PLUS PUISSANT DES MAÎTRES DE KUNG-FU !!

LA FUSION EN 15 SECONDE !!

IL EST RAPIDE !!!

L'ENTRAÎNEMENT A PORTE SES FRUITS !

UN NUNT-CHAKU !!!

UWOO !!!

ZLAAAAAA !!!

!!!

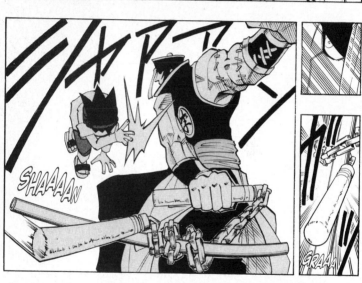

SHAAAAN

GRAAA

UN SAMOURAÏ SANS SON SABRE N'EST RIEN ! PYRON NE CRAINT PERSONNE...!!

LE SABRE ...!!

SHAMAN
KING
2

VALISE

KLAAAAAANKS

MON PYRON EST INVINCIBLE !!!

VLAF

VLAF

HUH

....!

LE SABRE !!!

...!

GUHAA

SNACK HOBBY

SNACK BOE

AU PALAIS DE LA TENTATION

FUUH

YOH !!!

VLA

... SI LES DEUX PARTIES NE SONT PAS D'ACCORD, IL FAUT QUE L'UNE DES DEUX SOIT MISE HORS DE COMBAT POUR QUE L'AUTRE PUISSE S'APPROPRIER LE FANTÔME.

COMME TU LE SAIS DÉJÀ, POUR S'EMPARER DU FANTÔME D'UN SHAMAN...

ALORS ? JE CROIS QUE TU AS COMPRIS ?

SLIP

TU N'AS AUCUN MOYEN DE ME VAINCRE.

MAINTENANT, SOIS SAGE ET DONNE-MOI TON SAMOURAÏ.

URHH...

KLIP

POUR SIMPLIFIER, IL FAUT LA TUER.

TUER ?

TAIS-TOI ! JE T'AI DÉJÀ DIT QUE JE NE TE DONNERAIS PAS AMIDAMARU.

CROC !!!

TU VEUX MOURIR ?

TANT PIS !

BIEN...

ALORS, TU ES PRÊT ?

ELLE VIENT DE SE MORDRE LE DOIGT ?!

PTOP

ELLE EST DINGUE ?

?!

AAAH ?!

ELLE A ÉCRIT DES TRUCS AVEC SON SANG !!

PYRON !!!

PSHi PSHi

JE VAIS ÊTRE OBLIGÉE D'EMPLOYER LES GRANDS MOYENS !!!

PSHi

ATTAQUE-LE JUSQU'À CE QU'IL MEURE !!

SHAAA

GNHOOOoo

!!

KAAAA!

SPAAf

AAAAH

IL L'A PROJETÉ DANS LES AIRS !!

CELUI QUI SE FAIT COLLER CE PARCHEMIN...

... POUR- SUIVRA SON ADVERSAIRE JUSQU'À LA MORT !

FUO-JAN KYAKU

FUOJAN = fusée en chinois

GRLLL...

GZ!!! GZ!!!

IL A
SURMONTÉ
L'ATTAQUE
!!!

AH !

ZŌ-
JIDA-
ODAN-
KYA-
KU

ZDOOOOM...

ZŌJIDAODAN -
missile
intercontinental
en chinois.

PAS SI
SIMPLE
!!!

FÛTCHONHONJAJÎ = bombe à descente rapide

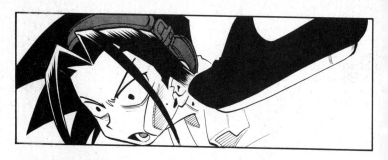

IL EST... IL...

...!

EH ! DIS-MOI ! OUVRE LES YEUX !! MINCE !

ÇA VA ?!

GLAK GLAK GLAK

YUSA YUSA

C'EST INUTILE.

YOH !!

... INCROYA-BLEMENT FORT.

DASH...

GLANK

GOTCH

AVANT DE LE TUER, JE DOIS RÉCUPÉRER LE SAMOURAÏ ET J'AURAI TERMINÉ MON TRAVAIL.

IL A PERDU CONNAISSANCE AVANT DE MOURIR, IL A DE LA CHANCE.

JE NE CONNAIS PERSONNE QUI SE SOIT RELEVÉ D'UNE ATTAQUE DE PYRON.

ZWAA

!

Hii

EN PLUS TU LE TORTURES !!!

GOTCH

COMMENT VOULAIS-TU QUE YOH SE BATTE SANS ARME ?!

T'ES LÂCHE !!!

ET POUR-TANT...!!

PYRON DÉFEND LE BIEN, C'ÉTAIT MON HÉROS !

BLU

BLU

BLU

ENFIN QUOI, C'EST PAS JUSTE !!

LE DŌSHI MANIPULE LE CADAVRE AVEC UN PARCHEMIN MAGIQUE.

TU AS BIEN VU LE PAPIER AVEC LA MAGIE ?

MANIPULE ?

VRAI- MENT ?

LEE PYRON EST MANIPULÉ PAR CETTE FILLE.

C'EST TRÈS SIMPLE.

!

IL EXISTE PLUSIEURS SORTS QUI PERMETTENT DE PROGRAMMER LE MORT POUR DIFFÉRENTES SITUATIONS.

MA GRAND-MÈRE M'EN A PARLÉ AUTREFOIS. ÇA S'APPELLE LE "TCHŌSHISŌSHI-JUTSU", C'EST UNE TECHNIQUE QUI A ÉTÉ DÉVELOPPÉE DANS LES TEMPS ANCIENS PAR DES SHAMANS CHINOIS POUR MANIPULER DES MORTS.

PYRON N'EST PAS RESPONSABLE !

C'EST À CAUSE DE CETTE FILLE !!

IL SE FAIT MANIPULER ...?

PYRON AGIRAIT CONTRE SA VOLONTÉ ?

MAIS...

... UNE ÉDUCATION STRICTE POUR DEVENIR UN BON SHAMAN.

DANS MA FAMILLE, ON NOUS DONNE DÈS NOTRE PLUS JEUNE ÂGE...

ET ALORS ?

NOUS, LES SHAMANS, NOUS DOMINONS LES FANTÔMES.

OUI... DES PROCHES L'ONT ASSASSINÉ POUR ME L'OFFRIR.

LE PLUS BEAU DES CADEAUX D'ANNIVERSAIRE.

ALORS, PYRON EST...

!!

DONG

C'EST TROP INJUSTE.

PAS CROYA-BLE...

PTOP

ポタッ

PYRON A ÉTÉ ASSASSINÉ PAR...!!

!!

PYRON N'EST POUR MOI QU'UN KYOSHII.

IL N'Y A PAS DE QUOI EN FAIRE UNE HISTOIRE.

IL NE MÉRITAIT PAS ÇA.

... A ÉTÉ ASSASSINÉ POUR SERVIR À ÇA.

MON HÉROS PRÉFÉRÉ...

UNE MARION-NETTE N'A PAS DE SENTIMENT.

TATION

HÉ !

UN FANTÔME SANS SENTIMENT, ÇA N'EXISTE PAS !!

ÇA SUFFIT !

ÉHÉ HÉ ! APRÈS L'ÉPOUVANTABLE ENTRAÎNEMENT DE CET ÉTÉ, J'ENCAISSE MIEUX LES COUPS.

YOH ! T'AS REPRIS CONNAISSANCE !

HEIN ?!

ÇA M'A BIEN FAIT DE L'EFFET. J'EN AI ENCORE LA NAUSÉE.

MAIS, C'EST PAS TOUT !

YUZU BURGER

TENTATION

VLAF

PAS POSSIBLE !!!

COMMENT FAIT-IL POUR SE RELEVER APRÈS L'ATTAQUE DE PYRON ?!

POUR AMIDAMARU ET MOI...

... L'ATTAQUE D'UNE ÂME EN PERDITION N'EST PAS DANGEREUSE.

MÊME SI TU PEUX LE MANIPULER AVEC TON PAPIER, TU NE CONTRÔLES PAS SON ÂME.

OK !

EXPLIQUE-TOI !

EN PERDITION ?

LEE PYRON ?

PAS VRAI ?

PLEURER !!!

LEE PYRON EST EN TRAIN DE...

NON...

!

UN KYŌSHII N'A PAS D'ÉMOTION... POURQUOI ?!

C'EST IMPOSSIBLE !!

PAR ASAKURA YOH....!

PAR CE SHAMAN DÉBU-TANT ?!

... RÉVEILLE L'ÉMOTION QUI SOMMEIL-LAIT EN PYRON...?

LA RENCONTRE AVEC CE GARÇON AURAIT...

ALLEZ !!!

....!

C'EST IMPOS-SIBLE !!!

YAAA !!!

QUE FAIS-TU PYRON ?! TU DOIS L'ATTAQUER JUSQU'À SA MORT ! QU'ATTENDS-TU POUR LE FINIR ?!

HEIN
?

HÉ HÉ...
LEE
PYRON,
SOIS
PATIENT.

WAAAAAA

UWAAAH !
IL
ATTAQUE
!!!

JE VAIS BIENTÔT T'ENLEVER LE PARCHEMIN...

SHAKIIIN!

JE VAIS DÉLIVRER TON ÂME.

HE...

TAO JUN

Née le 10 octobre 1981-17 ans

Signe astral : Balance

Groupe sanguin A

ET COMME TU ES STUPIDE... TU NE COMPRENDS TOUJOURS PAS QUE TU NE PEUX RIEN FAIRE...?

TU VEUX DÉLIVRER L'ÂME DE MON GUERRIER PYRON...?

DJLANG

JE VIENS DE NEUTRALISER LE NUNCHAKU QUI BLOQUE LE SABRE.

FAUT VOIR...

DJLA

JE N'AI PLUS QU'À LUI ENLEVER CE PAPIER SUR SON FRONT.

GRIP

WOOOOO

PYRON ! ÇA TE PERMETTRA DE TE DÉLIVRER DE SON EMPRISE ET DE REDEVENIR LIBRE !

JE T'AI DIT QUE C'ÉTAIT IMPOSSIBLE !!!

PAS SI VITE !

BIEN !!!

ÇA A L'AIR JOUABLE !!!

LE KUNG-FU EXCELLE DANS LE COMBAT RAPPROCHÉ !

MON KYÔSHII EST UN LÉGENDAIRE MAÎTRE DE KUNG-FU !

ZBAAAM

CETTE SITUATION EST LA PLUS FAVORABLE À MON GUERRIER PYRON !

JE VOIS DÉJÀ L'ISSUE DU COMBAT ! TU ES FINI !

FUH FUH FUH !

SON COUP DE PIED EST PLUS RAPIDE QUE LE SABRE !

IL A CONTRE-ATTAQUÉ !!!

GURPS!

!!!

ET SI TU ME DONNAIS MAINTENANT TON SAMOURAÏ ?!

DZLAAAA DZLAA

ÇA COMMENCE À SUFFIRE !!!

SI CETTE ATTAQUE N'A PAS SUFFI, JE NE VOIS PAS CE QU'IL POURRAIT ENCORE FAIRE !

UWAA-AWAA !

UWOP

BOOM

YOH !

URGS

QUOI ?!

JE N'AI AUCUNE INTENTION DE L'AIDER.

DIS ! ANNA ! TA TECHNIQUE D'ITAKO NE PEUT PAS LUI VENIR EN AIDE ?!

ZBAA

C'EST UNE ÉPREUVE POUR QU'IL DEVIENNE SHAMAN KING.

S'IL PERD CONTRE UN ADVERSAIRE DE CE NIVEAU, IL N'A AUCUNE CHANCE DE DEVENIR UN SHAMAN KING.

JE NE VEUX PAS ÉPOUSER UN GARÇON SANS AVENIR.

ET J'AURAIS LE TEMPS DE LUI ENLEVER SON PARCHEMIN !

Je pourrais alors fendre cette armure d'acier...!

PYRON, TU NE LE TROUVES PAS RIDICULE ?

C'EST VRAIMENT DE CE SAMOURAÏ QUE REN A ENVIE ?

!

OUPS

FUH FUH...

IL CACHE SES FAIBLESSES EN ACCUSANT LE MATÉRIEL.

SLIP

...

JE N'AIME PAS LES SITUATIONS BRUYANTES, MAIS J'EN AI ASSEZ DE VOUS VOIR...

ZDAASH

UWAAAAA!!!

AH! MANTA!!!

ERPS... CETTE FOIS, ELLE A L'AIR DE VOULOIR VRAIMENT LE TUER !!

URRH...

MANTA...

...

IL PRÉFÈRE S'ENFUIR QUE DE MOURIR.

FUH FUH... LUI, IL EST MALIN.

STAP
HAH
STAP
HAH
STAP

PASSAGE COMMERCIAL FUMBARI

PAIN PAMPA

HAH

HAH

JE VAIS TE TROUVER UN SABRE QUI RESSEMBLE À UN SABRE !

ATTENDS-MOI, YOH !

UN SABRE, SAPRISTI, UN SABRE !! MAIS OÙ EN TROUVER UN ?!!

SDAASH

MINCE ! PENDANT CE TEMPS, YOH VA MAL...!!

COMMENT JE VAIS FAIRE POUR TROUVER UN SABRE ?!

MOUSASA SPORT

MAIS À CETTE HEURE DE LA NUIT, TOUS LES MAGASINS SONT FERMÉS.

JE VAIS QUAND MÊME PAS VOLER LE HARUSAME AU MUSÉE !!

MUSÉE MUNICIPAL

Le harusame est le sabre qu'Amidamaru utilisait il y a 600 ans.

BLAM

HÉ, TOI !

J'SAIS PAS POURQUOI IL EST LÀ MAIS Y EN A UN !! IL EST POUR MOI !!

AGRIP

UN SABRE EN BOIS !

TU ME PRENDS POUR UN ABRUTI ?! T'ES BIEN NIAIS POUR CROIRE ÇA ! QUI TE DIT QU'IL VA GAGNER ?! C'EST PLUS IMPORTANT DE SAUVER SA FACE EN PREMIER !

NE M'EMMERDE PAS ! ÇA RESSEMBLE À UN SABRE ET IL A DIT QUE C'EST CE QU'IL LUI FALLAIT POUR GAGNER !

EH... MAIS !

GYAAARPS

LE PLUS IMPORTANT, C'EST DE CROIRE EN SES AMIS !!

CETTE ESPÈCE D'IMBÉCILE ...!

... VOUS POURRIEZ ME PRÊTER CE BÂTON ...?

EXCUSEZ-MOI, EST-CE QUE...

MODÈLE RÉDUIT

EUH...

... IL SE FOUT DE MOI !!

ZBiiM

URBS !!!

?

MAIS...

GUIP

C'EST L'OUTIL FAVORI DU BOSS ! IL VA QUAND MÊME PAS LE PRÊTER !

GYA HAH HAA

AH HA HA !

IL EST CON CE GAMIN !

GYAARF !!!

SPLAF

DE LA BOUFFE ? TU VEUX MANGER, C'EST ÇAAA ?

YOH DE QUOI ?

URRH...

... YOH VA FINIR PAR SE FAIRE TUER...

SI JAMAIS JE ME SAUVE MAINTENANT...

SI TU VEUX PAS MOURIR, DÉGAGE !

EN PLUS LE BOSS EST DE MAUVAISE HUMEUR DEPUIS QU'IL A PERDU SA BANANE !

BOM

GARPS

LA FERME !

PRÊTEZ-MOI CE BÂTON !

JE VOUS EN SUPPLIE !!!

GRIP

TU VEUX T'EN MANGER ?!

GYOPS !!!

SINON, YOH...

JE VOUS EN SUPPLIE, C'EST URGENT !

GRIP

EN PLUS, IL INSISTE...

JE VOUS EN SUPPLIE !!

GRIP

LA SITUA-TION EST SÉRIEU-SE !!

...

ATTENDS !

HÉ HÉ HÉ. ET SI ON DÉGA-GEAIT DE LÀ ?

KERPS !

IL NOUS EMMERDE AVEC SON YOH ! C'EST QUOI "YOH" ? DE LA BOUFFE ?

OUI, ON VA POURSUIVRE NOTRE RECHERCHE DE TERRITOIRE !

SPAM

SPAM

SPAAF

SALE MOR-VEUX !!!

GYARPS !!!

SPLAAAF

GONG

...?!

ESPÈCE D'IMBÉCILE !!!

L'INTELLIGENCE EST PLUS FORTE QUE LE SABRE ! HA HA !

JE T'AI POURTANT DIT QUE C'ÉTAIT URGENT !

VLAF

STCHAF

GRR GRR GRR

MON ENCYCLOPÉDIE LES APLATIRA TOUS !!

BANDE DE CRÉTINS !!

ZDOO ZDOO ZDOOO

encyclopédie

UN FANTÔME !!!

PASSAGE COMMERCIAL FUMBARI

PAIN PAM

Hyiii

HYii

ASAKURA, T'AS L'AIR EN PITEUX ÉTAT.

FUH

FERMEZ-LA UN PEU...

IL N'AVAIT AUCUNE CHANCE DE GARDER SON SAMOURAÏ ET IL A PRÉFÉRÉ MOURIR.

IL NE M'A PAS SIMPLIFIÉ LA TÂCHE, CE GAMIN.

LA COLÈRE DE PYRON

LA COLÈRE DE PYRON

L'AMITIÉ SERAIT PLUS IMPORTANTE QUE LA VIE ? JE NE COMPRENDS PAS. ET L'AMITIÉ ? ÇA T'APPORTE QUOI ?

J'AI PAS ENVIE DE MOURIR. SI J'ADMETTAIS QUE J'AI PERDU, ÇA NE SERAIT PAS SYMPA POUR AMIDAMARU.

PAR EXEMPLE...

ÇA SERT À CHASSER DES GENS COMME TOI.

SWAP

REGARDE PLUTÔT ÇA, J'AI SOUFFERT POUR L'OBTENIR.

EH BIEN...

UHM...

QU'EST-CE QUE TU T'ES FAIT ?! JE TE CROYAIS RENTRÉ CHEZ TOI !

MANTA ...!!

VLAM

YOH M'A SOUVENT SAUVÉ LA MISE DANS LE PASSÉ.

J'EN REVIENS PAS MOI-MÊME... JE L'AI PIQUÉ À CE CHEF DE BANDE, RYÛ...

HÉ HÉ...

PAS MAL ! QU'EST-CE QUE T'AS FAIT POUR TE METTRE DANS CET ÉTAT ?

HÉ...

UN SABRE EN BOIS ?!

C'EST UN AMI.

JE LUI DOIS BIEN ÇA.

ALLEZ, YOH, RELÈVE-TOI !

IL FAUT QUE TU TE DÉBROUILLES AVEC ÇA, SINON ÇA RUINE MES EFFORTS...

MANTA ! TU...!

UN AMI...

GRR

MANTA ...!

GLANK

D'AC-CORD...?

AMIDAMARU ? QU'EN PENSES-TU ?

T'AS ENTENDU ?

GRAAA
GRAAA
GRAAA

... le sabre s'exprime totalement avec le samouraï !!

Avec une bonne prise en main...

IL A ESQUIVÉ L'ATTAQUE DE PYRON ! IL EST RAPIDE ! CE N'EST PLUS LE MÊME !!

IL A PRIS L'AVANTAGE ?!

SPAAAF

PYRON ! PRENDS GARDE À TOI !!

BWLIOO

SHAMAN KING
2

LE PARCHEMIN
MAGIQUE

SHUUUUW

ÇA VEUT
DIRE QUE
LES JEUX
SONT
FAITS.

POUR-
QUOI
SONT-ILS
IMMO-
BILES ?!

QU'EST-
CE QUE
C'EST ?!

SHINKÛ
BUTTA-
KIRI...?!

LE COUP
D'AMIDA-
MARU...?!

L'épée ne peut se suffire à elle-même.

COM- MENT !

Explication : L'art du sabre sert à affronter un seul adversaire. Il faut savoir varier et diversifier ses techniques pour gagner.

Ce coup permet de fendre l'air afin d'isoler l'ennemi pour l'affronter directement.

Le sinistre monde de la survie dans lequel j'ai évolué m'a permis de mettre au point ma propre technique de combat.

LE PARCHE- MIN EST EN TRAIN DE SE...!

AAAH !!!

Il suffisait de t'isoler pour...

Je t'ai prévenu.

IL EST DÉCHIRÉ EN DEUX !!

DÉCHIRER...

FLAP

FLAP

SLOP

OH

WUAAW !

Que fais-je... ici...?

Je...

PYRON VIENT DE RETROUVER SES ESPRITS !!

SLIP...

PYRON...?

Pendant 20 ans...?

Qu'est-ce que j'ai fait pendant tout ce temps ?

20 ans déjà...?

Mais qu'est-ce qui s'est passé ?

La légende de Lee Pyron, 20 ans déjà...

LE COUP DE COLÈRE DE PYRON

Lee Pyron, je suis acteur de cinéma.

C'est ça ! Mon nom est...

LE COUP DE COLÈRE DE PYRON

QU'EST-CE QUI LUI PREND ?!

JE NE COMPRENDS RIEN !!

SKLINKS SKLINKS

Et ce froid qui parcourt mon corps ?

Je ne ressens pas la douleur ! Pourquoi ?

QU'EST-CE QUI M'EST ARRIVÉ ?!

MON SANG NE COULE PAS ?!

TU PERDS TON SANG-FROID, PYRON, TU ES PITOYABLE !!!

TU ES DÉJÀ MORT !

MAIS TU PEUX ÊTRE RASSURÉ, TU ES MON KYŌSHII, À MOI !

OUI !

Je suis déjà mort ?!

Déjà...?

TU N'AS QU'À OBÉIR AU DÔSHI TAO JUN !!

CONTENTE-TOI D'ÊTRE UN SIMPLE CADAVRE !!

ZBAAA ZBAAA

VLAF

VLAF

HYUU

LA FAMILLE TAO ?!

Le Dôshi Tao Jun...?

TCHAC

TU DOIS DEVENIR UN FANTÔME POUR LA FAMILLE TAO. ET POUR ÇA, TU DOIS MOURIR...

CHER PYRON, JE SUIS DÉSOLÉ MAIS...

CEUX QUI M'ONT TOUT PRIS

LA FAMILLE TAO !!

SHAAAA

SHAAAA

IL VIENT DE DÉSOBÉIR À SON DÔSHI ?!

SHUUUUW

IL A ATTRAPÉ LE PARCHEMIN ...?

PATCH

POETLI

EN PLUS, IL N'EST MÊME PLUS LIBRE DE SON CORPS ET DE SON ÂME.

LA FAMILLE TAO LUI A TOUT VOLÉ. SA VIE, SA FAMILLE, SES RÊVES.

PAS ÉTONNANT.

COMMENT ?

CE SORT VA TE REMETTRE EN PLACE !

TU VAS REDEVENIR MA MARIONNETTE !!

YAAAH N'OUBLI PAS QU TU N'ES QU'UN CADAVRE

SHAAA

...!

ZBROOKS

PAAAAAAW

LA
COLÈRE
A FAIT
DISJONCTER
SON
ÂME !

MAUDIT
PYRON !

OUPS

ZBOOM

CEUX DE LA FAMILLE TAO...

JE NE POURRAI JAMAIS LUI COLLER MON SORT...!

IL EST RAPI-DE !

TU OSES SAUVER CETTE FILLE !

SNACK BOB

OPEN

POURTANT JE SUIS SON ENNEMIE...

IL M'A SAUVÉE ...?

...

YOH !!!

!

MÊME ELLE, ELLE DEVRAIT LE SAVOIR.

CEUX QUI VOIENT LES FANTÔMES NE PEUVENT ÊTRE RÉELLEMENT MAUVAIS.

...?

PYRON ?
ÇA TE FAIT
QUOI DE
VOULOIR TE
VENGER ?
ÇA TE FAIT
PLAISIR ?

LA
VENGEANCE
NE TE
FERA PAS
RÉALISER
TES RÊVES.

ÇA NE
CHANGERA
RIEN À TA
MORT.

PLAISIR
?!

JE SAIS
POURTANT
CE QUE TU
RESSENS...

ON
VA FAIRE
EN SORTE
QUE TA VIE
SOIT UN
PLAISIR.

ON VA Y
RÉFLÉCHIR
ENSEMBLE.

CRISP !!

IL EST
CURIEUX, CE
GAMIN... MÊME
DANS CETTE
SITUATION,
IL A PENSÉ À
NOUS SAUVER
PYRON ET
MOI !!

HEIN
...?

...

IL N'A PAS L'AIR DE VOULOIR ARRÊTER D'ATTAQUER !

SA COLÈRE SE RETOURNE CONTRE YOH !

ZGRAAA

ZRAAA ZRAA

KRRIIII... NUAAW

AWAAA ! C'EST DE LA FOLIE !

?

OLIPS

IL SUFFIT DE L'APPELER.

PERSONNE NE PEUT DONC STOPPER PYRON ?

UWAAW

ET EN PLUS, L'ÉTAT DE FUSION DE YOH DOIT ÊTRE À LA LIMITE.

YOH S'EST BIEN DÉFENDU. IL EST TEMPS QUE JE LUI VIENNE EN AIDE !

DJLAAANGS

IL FAUT APPELER QUEL-QU'UN QUI PUISSE APAISER SON ÂME.

LEE PYRON

Né le 29 novembre 1948
30 ans au moment de sa mort
Signe astral : Sagittaire
Groupe sanguin B

152

SANS LE PARCHEMIN, IL N'EST QU'UNE ÂME EN FURIE, IL NE RÉAGIT PLUS DE FAÇON SENSÉE...

LE SEUL MOYEN D'ARRÊTER SA CRISE DE DÉMENCE SERAIT DE SUPPRIMER SON CORPS.

HEIN ?!

IL N'Y A RIEN À FAIRE.

...

PERSONNE NE PEUT L'ARRÊTER, NI MOI, NI UN AUTRE. TOUT EST FINI.

IL FAUT TROUVER QUELQU'UN QUI PUISSE LE BATTRE, C'EST LE SEUL MOYEN.

...

TAO JUN !

SPAAM

MON FANTÔME...

LE MIEN...

TA TECHNIQUE N'EST PAS SUFFISANTE POUR LE MAÎTRISER.

CE N'EST PAS BIEN DE CAPITULER SI VITE ! ÇA TE DÉPLAÎT DE TE FAIRE MORDRE PAR TON CHIEN ?

...?!

... LE MONDE N'AURA RIEN À CRAINDRE.

TANT QUE YOH ET MOI, NOUS SERONS LÀ...

TU AS PLUTÔT INTÉRÊT À COLLABORER AVEC NOUS.

EH OUI.

KAAA

ZGRAAA ZGRAAA

...!

CE N'EST PAS LE BON MOMENT POUR FAIRE DES PRÉSENTATIONS.

T'ES SÛRE QUE TU NE VOIS PERSONNE POUR LE BATTRE ?

COLLABORER ? QUI ES-TU VRAIMENT ?

LIN MAÎTRE ?

IL ME SEMBLE POURTANT QU'IL AVAIT UN MAÎTRE...

JE L'AI DÉJÀ DIT, C'EST IMPOSSIBLE.

CE FAMEUX PERSONNAGE DE L'ÉCOLE TCHÔRINJI, LE MAÎTRE SHAMON !

PYRON A EU UN MAÎTRE DE KUNG-FU QUAND IL ÉTAIT JEUNE !

MAIS OUI ! C'EST ÇA !!

YOUPS !

JE SUIS L'ITAKO, ANNA.

ITAKO_ ANNA_

C'EST UN SHAMAN TYPIQUEMENT JAPONAIS. UNE SORTE DE MIKO !

ITAKO ?!

UNE PRIÈRE POUR LE PÈRE, UNE DEUXIÈME POUR LA MÈRE.

UNE TROISIÈME POUR LE FRÈRE DE PROVINCE. CES PRIÈRES SONT POUR VOUS.

SI TU ENTENDS CE CHAPELET, VIENS À MOI.

SI DE L'AU-DELÀ TU M'ENTENDS, REDRESSE-TOI.

ELLE COMMENCE À ENTRER EN TRANSE !

MAIS... D'OÙ VIENT CE VENT TIÈDE...?

AAH...!

LES BOULES DE FEU COMMENCENT À SE RASSEMBLER...!

C'EST CE QUI LUI PERMET DE COMMUNIQUER AVEC L'AU-DELÀ...

L'ITAKO EN AGITANT SON CHAPELET CRÉE UN RYTHME QUI LUI SERT À ENTRER EN TRANSE !

L'état de transe est une forme d'hypnose que le médium utilise pour communiquer avec l'au-delà.

LES BOULES ESQUISSENT UNE FORME HUMAINE...!

BUORF BUORF BUORF BUORF BUORF

JE FAIS DESCENDRE SHAMON AVEC LEQUEL TU DEVRAS FUSIONNER !

?!

YOH ! J'ESPÈRE QUE TU AS COMPRIS LA SITUATION !

AMIDA-MARU...!

BAM

URH ...!

...!

EN MODE "EXPULSION" !!

JE RESTE EN TRANSE. PRÉPARE-TOI À LE RECEVOIR !

AMIDAMARU VIENT DE SE SÉPARER DE LUI !

T'ES PRÊT ?!

ZDOOM

KUCHIYOSE !!!

SHAMON, DESCENDS À NOUS !

TECHNIQUE D'ITAKO POUR LE HYÔI FUSION !!

MAINTENANT, PROFITES-EN !

CA A MARCHÉ !! VOILÀ UN RENVERSEMENT DE SITUATION !

......!!

LE VIEUX MAÎTRE SHAMON

HYOI FU-SION !!!

ZOOOOOM

FUGAAA

COMMENT ÇA ?!

ΞFUGAA

AAH ?

Dingue...

CLAK
CLAC

CLAC

CLAC

EH ! TU T'ES PAS TROMPÉE DE PERSONNE ?!

Qu'est-ce que c'est que ce vieux déchet ?!

...

ON AURAIT PU ESPÉRER MIEUX...

PSHUUUu

QUAND UN FANTÔME RÉAPPARAÎT, IL VIENT SOUS SON ASPECT D'AVANT SA MORT...

C'EST BIEN LUI, PAS DE DOUTE...

C'EST VRAI... IL AURAIT 96 ANS...

... ÇA N'ARRANGE PAS LA SITUATION DE YOH...?

BURGER

TENTATION

Style

SI ÇA SE TROUVE...

Pyron n'a pas ressenti la présence de son maître !

GWAAAAAW

NUAAAW

UWAAAW !! YOH !!

?!

SPOW

NUOOOW !

SA VUE SE TROUBLE ?!

IL L'A LOUPÉ ?!

SHUU

!

Les mouvements du vieillard...

SHUU

SHUU SHUU

Hoh

Yops

ZBOOM

IL ANTICIPE TOUTES LES ATTAQUES DE PYRON. IL MÉNAGE SES EFFORTS !

OOH...

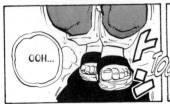

KLUP
KLUP
KLUPKLUP
KLUP
KLUP

...?!

Mais c'est toi, Pyron ? Je me demandais de qui il s'agissait. Et pourquoi ce visage bleu ?

PAS VRAIMENT.

COMMENT FAIT LE VIEUX POUR BOUGER COMME ÇA ?

C'EST GRÂCE AU CORPS DE YOH ?

C'EST INCROYABLE DE POUVOIR BOUGER COMME ÇA POUR UNE PREMIÈRE FUSION...

LE FANTÔME D'UN VIEILLARD RESTE UN VIEILLARD.

LE CORPS DE CELUI QUI LE REÇOIT NE CHANGE RIEN À ÇA.

EUH...

QU'EST-CE QUI SE PASSE ?

Même si tu es physiquement mort, ton âme se refuse à mourir.

L'important, c'est de tuer l'âme.

Pour celui qui obéit au budô, ce n'est pas la technique qui fait la différence.

Ni la jeunesse du corps.

NUOOW

Tuer l'âme ?!

IL VIENT DE CHANGER D'EXPRESSION DE VISAGE !

Enfin, enfin...

!

GRAAA !!!

Même un vieillard comme moi peut te battre.

Ton âme est tourmentée dans la démence.

ZBOON

ZGRAAASH

IL S'EST FAIT CONTOURNER PAR-DERRIÈRE !!

IL VIENT DE SE FAIRE PROJETER !

PYRON EST...!

GRAA ...?!

GROOS

ZGRAAASH

SHAMAN
KING
2

POINTU

Où est passé l'esprit du Kung-fu ?

Tu viens d'essayer de me tuer ?

Je vais guider moi-même ton âme vers la raison.

Tu es un crétin de disciple, tu n'as pas encore tout compris.

Épisode 17
PYRON SUR LA VOIE DU DAODANDÔ

Allez !

Pyron, attaque-moi !!

NUUU !!

Épisode 17

PYRON SUR LA VOIE DU DAODANDO

CRAP

LE EIJÛKEN EST UN ART QUI A ÉTÉ CRÉÉ PAR DES FEMMES QUI N'AVAIENT PAS UNE GRANDE FORCE PHYSIQUE.

...!

LE VIEILLARD EST INCROYA-BLE !!!

IL ESQUIVE TOUS LES COUPS !!

MAIS OUI !!

PYRON VIENT DE SE FAIRE CONTOUR-NER !!

AU LIEU DE S'OPPOSER AUX COUPS, IL LES ACCOMPAGNE D'UN MOUVEMENT FLUIDE.

ET IL RETOURNE LA FORCE DU COUP CONTRE L'ADVER-SAIRE !!

LE SECRET DE LA FORCE DE SHAMON !

C'EST DONC ÇA !!

VLA

ZGRAAAASH

Uhm...

Il est fort !

....!

LE PLAQUAGE DORSAL DU EIJÜKEN !!

LUi, il ARRIVERA À STOPPER PYRON...!

il JOUE AVEC PYRON COMME SI C'ÉTAIT UN ENFANT.

Une âme corrompue est une âme aveugle.

Pyron, débarrasse-toi de ta colère.

La colère corrompt l'âme.

YUZU

!

COMMENT VEUX-TU QUE JE NE SOIS PAS EN COLÈRE ?

POUR-QUOI ?

On m'a volé ma vie.

J'ai tout perdu...!

La... La colère ...?!

Ah bon...

Si tu as tout perdu, à quoi te sert ta colère ?

PERSONNE NE POURRA ARRÊTER CETTE COLÈRE !!

DASH

Je crois qu'il reste encore une chose en toi qu'on ne t'a pas prise.

Pyron...

Tout perdre, c'est aussi perdre le pouvoir de se mettre en colère.

Celui de poursuivre la voie du daodandô.

Un rêve enfoui dans ton âme.

....!

Ces poings trempés de haine...

Mais...

LE RÊVE DE PYRON...

TU CROIS QUE CES POINGS TE MÈNERONT AU DAODANDÔ ?!

BLUUM

LA FERME !!

ON DIRAIT UNE COLÈRE D'ENFANT. HAH !

LA...

GRUUU

スリ SLIP

BLUOF

Même un vieillard comme moi peut les éviter.

TOC

Tu es trop hargneux, tes poings n'atteindront personne.

Si tu élimines ce mauvais sentiment en toi, la voie que tu dois poursuivre s'ouvrira à toi.

Le budô est régi par la faculté de guider son âme.

BLUOF

BLUOF

BLUOF

JE N'AI JAMAIS VU CETTE POSITION !!!

C'EST QUOI CETTE GARDE ?

MAIS !

Si tu n'arrives pas à tuer la colère qui sommeille dans ton âme...

Mon pauvre Pyron, tu es bien égaré.

NUOOOW !!

LE SECRET DU EIJÛKEN

... c'est moi qui vais la mettre sur le droit chemin.

Garde-le bien en toi, Pyron.

Ça sera mon dernier enseignement.

SPLAAF

PYRON !!!

PYRON !!!

IMMOBILE...

IL NE BOUGE PLUS...

PY...

C'EST DANGEREUX, IL RISQUE ENCORE DE SE RELEVER !

AU PALAIS DE LA TENTATION

ATTENDS ! NE T'APPROCHE PAS ENCORE DE LUI !

MON PYRON !!!

STAP STAP

HOUP

IL EST DÉLIVRÉ DU SORT.

UNE BOULE ...?!

REGARDE.

IL RETROUVE SON VÉRITABLE ASPECT.

L'ESPRIT DE PYRON.

MAÎTRE...

...

Ça fait si longtemps... Pyron...

Je suis ravi que tu sois revenu.

PFFH

... PFFHu

KAA...

Encore cette face de demeuré, crétin de disciple !

Remercie plutôt ce jeune garçon.

Fumh

MAÎTRE !! JE SUIS VRAIMENT DÉSOLÉ !!

JE VOUS AI DONNÉ TANT DE MAL !

Urrh...!

Mais ce garçon s'est épuisé pour te venir en aide.

Je suis un fantôme, je ne me fatigue pas.

Le garçon ?

Ton daôdandô est fait pour venir en aide aux autres.

RÊVE ?

HAH HAH HAH

Pour ton rêve et celui des autres.

Pour les protéger.

Ces jeunes ne voulaient pas te voir dans un sale état, ils se sont battus pour toi.

Tu es devenu l'idole des jeunes.

C'est pour cette raison que le monde te vénère.

Ton daodandô continue à vivre dans le cœur des gens.

Pyron, c'est une belle chose.

...

Oui...

?!

JE NE SAIS PAS MAINTENANT CE QUI EST VRAI, MAIS JE SUIS CERTAINE D'UNE CHOSE...

IL ÉTAIT MON FANTÔME ET JE N'AVAIS RIEN COMPRIS DE LUI.

JE ME SUIS PEUT-ÊTRE TROMPÉE.

OÙ VAS-TU ?

ASAKURA YOH EST QUELQU'UN DE BIEN.

... J'AI PERDU LA PARTIE.

PEU IMPORTE...

?

EPOUX...?

UFUH

BIEN SÛR !

C'EST MON FUTUR ÉPOUX.

Pas encore... Maître...

Veux-tu que je te guide dans l'au-delà ?

Bon, Pyron, on ne peut pas rester indéfiniment sur terre.

JE DOIS QUITTER PYRON.

JE N'AI PLUS LE DROIT DE POSSÉDER UN FANTÔME.

HYUUUU

...

APRÈS TOUT CE QUE JE T'AI DIT, ÇA NE SUFFIT PAS !

TU PARLES ENCORE DU DAODANDÔ !!!

J'ai laissé des regrets ici.

Je ne peux pas encore regagner les cieux.

PIMP

GLANG

Des regrets ?!

Tant qu'il me reste des chances, je poursuivrai mon rêve.

Pour le daodandô, rien de mieux que son propre corps.

Non...

DES CHANCES ? TU N'Y PENSES PAS ?!

TU VEUX EMPRUNTER LE CORPS DU GARÇON ?

Tu...!!

Tao Jun... Je promets de ne plus jamais me remettre en colère.

GRIP

DLONG

En plus, avec le kyonshii, j'ai un corps immortel.

PYRON !!!

Tu ne veux pas me garder auprès de toi comme kyonshii ?

Mais cette fois, sans les papiers magiques.

YUZU
AU PALAIS

C'EST AINSI QUE JUN ET PYRON ONT DISPARU DANS LA LUMIÈRE DE LA LUNE. YOH LES ACCOMPAGNAIT DU REGARD AVEC UNE POINTE D'ÉMOTION. LE SHAMAN EST TOUJOURS LIÉ PAR L'AMITIÉ À SON FANTÔME.

MANTA

UN SHAMAN BIEN DÉRANGEANT. Fin

CHÔRINJI

SHAMON

Né le 31 mars 1895 - 96 ans
Signe astral : Bélier
Groupe sanguin O